CW00403501

Copyright © Susanne Søndergaard
Udgivelseår 2020
1. udgave, 1. oplag

Denne bog er dedikeret til alle vores teenagere
og deres familier.
Vend sårbarhed til en styrke!

Kære Teenager

Jeg husker det, som var det igår... Jeg fik konstant at vide, at jeg skulle sige mere i timerne og være aktiv. Men jeg havde mest lyst til bare at sidde bagest i klassen og drømme om at være usynlig.

Senere blev det min egen datters tur til at sidde der til samtalerne og få at vide gang på gang, at hun skulle sige mere.

Jeg tænkte... "jeg er jo blevet til noget alligevel, hvorfor skal de så gøre sådan et stort nummer ud af det"?

Man kan jo godt være dygtig, selvom man ikke siger så meget!

Hvorfor skal man straffes for at være forsigtig og have brug for tryghed og forudsigelighed?

Hvorfor er den eneste måde man kan komme frem i livet, at være udadvendt og ekstrem synlig for omgivelserne?

Jeg bliver frustreret og ked af det, fordi jeg hver eneste dag sidder med teenagere, der har denne udfordring - at være bange, nervøs, usikker, bekymret eller ængstelig for, at præstere.

Hver dag drømmer jeg om, at der for hvert barn jeg møder, vil være en person, der kan se denne udfordring og guide dem til at tro mere på sig selv og slippe frygten og tankerne omkring præstationen.

Det er sjældent nok, at forældre kan se det. - Det skal gerne være den person, der er til stede i de situationer, hvor det bliver svært, og som kan afkode frygten og hjælpe med at guide.

Desværre må jeg hver eneste dag konstatere, at der er langt imellem disse personer, som har ressourcerne til at hjælpe og guide. Derfor er jeg desværre nødt til at fortælle børn og unge, at der nok ikke kommer en god fe og løser denne udfordring.

DU ER NØDT TIL AT BESLUTTE DIG FOR, SELV AT BEGYNDE AT ARBEJDE MED DET!

Derfor har jeg nu lavet en dagbog til dig, som kæmper med at kunne præstere i klassen, i fritiden, i store forsamlinger, til eksamen, når du skal møde nye mennesker, og i det hele taget bliver nervøs, når du står overfor noget nyt og ukendt.

Dagbogen er for dig, der har mange tanker der roder i hovedet.

For dig, der holder dig tilbage og afventer.

For dig, der sjældent går forrest, fordi du er mest tryg ved at se, hvad andre gør først.

Den er for dig, der bekymrer dig om, hvad andre tænker om dig og det du gør.

Den er for dig, der gerne vil mere med livet, end at se på, at de andre bare suser forbi dig.

For dig, der er motiveret for forandring, men ikke ved hvordan og hvad du skal gøre.

Bogen egner sig godt til teenagere, der kan lide at arbejde med sig selv og ikke har noget imod, at skrive lidt når tankerne fylder for meget eller måske hver dag!

Hvis du har lyst til at holde bogen hemmelig, så gem den et sikkert sted, hvor kun du kan finde den.

Og hvis du har lyst til at arbejde i den sammen med dine forældre eller en god ven eller veninde, kan dette også være en god løsning.

Dine negative tanker er blevet helt automatiske.

🌑 *Måske har du oplevet ting under din opvækst, som har været meget bekymrende for dig...*

🌑 *Måske har du fået meget skæld ud, af en voksen (en lærer, forælder eller andre)...*

🌑 *Måske er du blevet mobbet...*

🌑 *Måske lider du af en sygdom eller et handicap...*

🌑 *Måske er du ordblind...*

🌑 *Måske har du været udsat for forældres skilsmisse...*

🌑 *Måske har du hørt andre være negative (enten voksne eller børn)...*

🌑 *Måske, måske, måske....*

Disse ting er alt sammen noget der kan være med til at styrke dine negative tanker og holde dem ved lige, og ligeledes kan det have svækket dit selvværd, som også styrker negative tankemønstre.

Men nu skal du have styr på det!

Jeg har gjort det simpelt og overskueligt, så det ikke bør tage dig lang tid at få tømt din "tænketank" - altså dit dejlige hoved for tanker der fylder.

Jeg vil gerne støtte dig i, at gøre plads i dine tanker til positive oplevelser, skønne fremtidsdrømme og få dine øjne til, at skinne af håb og mod.

Ønsket for dig er altså, at denne dagbog kan hjælpe dig til at arbejde med dine tanker, følelser og handlinger. - At du finder modet til at give dig selv små udfordringer, som kan give dig succes.

GOD FORNØJELSE MED DAGBOGEN

Kærlig hilsen

Susanne Søndergaard ♡

Husk disse ting

HUSK du er den bedste version af dig!

HUSK du gør som udgangspunkt altid det bedste du kan!

HUSK når andre nedgør dig, så har de oftest selv et problem at kæmpe med!

HUSK at der hele tiden kommer nye muligheder til den der søger, og en dag vil du finde en mulighed der passer perfekt til dig og dine talenter!

HUSK lad ingen mennesker fortælle dig, at du ikke er god nok - heller ikke dig selv!

HUSK at uanset hvor irriterende dine forældre er, så handler de i kærlighed og bekymring for dig!

HUSK at både din lærer, din ven eller din mor, kan også have en dårlig dag, så tag det ikke personligt, hvis de kommer til at skælde dig ud!

HUSK at det er OK at sige fra, når du ikke føler dig retfærdigt behandlet.

HUSK at god søvn gavner dine positive tanker!

HUSK at sund og næringsrig mad fodrer din hjerne til at tænke mere klart!

Denne bog tilhører

Dagen i dag har været:

Grunden til, at jeg føler sådan:

Hvilken særlig oplevelse har fyldt mine tanker:

_____
_____
_____

Hvilke tanker fik jeg i denne situation:

_____
_____
_____

Hvilke følelser fik jeg i situationen:

_____
_____
_____

Hvordan kunne jeg mærke det på/i min krop:

_____
_____
_____
_____

Hvad gjorde jeg i denne situation:

_____
_____
_____
_____

Hvor påvirket var jeg af situationen
(bekymret, bange, ked, frustret osv):

(1) (2) (3) (4) (5) (6) (7) (8) (9) (10)

Skriv de 3 bedste ting ved dagen i dag:

(1) _____

(2) _____

(3) _____

I dag er jeg taknemmelig for:

_____
_____
_____

Imorgen vil jeg give mig selv denne udfordring:

_____
_____
_____

De mål jeg gerne vil nå på længere sigt
(en uge, en måned, et år...)

_____
_____
_____

Dagen i dag har været:

Grunden til, at jeg føler sådan:

Hvilken særlig oplevelse har fyldt mine tanker:

Hvilke tanker fik jeg i denne situation:

Hvilke følelser fik jeg i situationen:

Hvordan kunne jeg mærke det på/i min krop:

_____
_____
_____
_____

Hvad gjorde jeg i denne situation:

_____
_____
_____
_____

Hvor påvirket var jeg af situationen
(bekymret, bange, ked, frustret osv):

Skriv de 3 bedste ting ved dagen i dag:

_____

_____

_____

I dag er jeg taknemmelig for:

_____
_____
_____

Imorgen vil jeg give mig selv denne udfordring:

_____
_____
_____
_____

De mål jeg gerne vil nå på længere sigt
(en uge, en måned, et år...)

_____
_____
_____

Dagen i dag har været:

Grunden til, at jeg føler sådan:

Hvilken særlig oplevelse har fyldt mine tanker:

Hvilke tanker fik jeg i denne situation:

Hvilke følelser fik jeg i situationen:

Hvordan kunne jeg mærke det på/i min krop:

_____
_____
_____

Hvad gjorde jeg i denne situation:

_____
_____
_____

Hvor påvirket var jeg af situationen
(bekymret, bange, ked, frustret osv):

① ② ③ ④ ⑤ ⑥ ⑦ ⑧ ⑨ ⑩

Skriv de 3 bedste ting ved dagen i dag:

① _____

② _____

③ _____

I dag er jeg taknemmelig for:

_____
_____
_____

Imorgen vil jeg give mig selv denne udfordring:

_____
_____
_____

De mål jeg gerne vil nå på længere sigt
(en uge, en måned, et år...)

_____
_____
_____

Dato

Dagen i dag har været:

Grunden til, at jeg føler sådan:

Hvilken særlig oplevelse har fyldt mine tanker:

Hvilke tanker fik jeg i denne situation:

Hvilke følelser fik jeg i situationen:

Hvordan kunne jeg mærke det på/i min krop:

_____
_____
_____

Hvad gjorde jeg i denne situation:

_____
_____
_____

Hvor påvirket var jeg af situationen
(bekymret, bange, ked, frustret osv):

① ② ③ ④ ⑤ ⑥ ⑦ ⑧ ⑨ ⑩

Skriv de 3 bedste ting ved dagen i dag:

① _____

② _____

③ _____

I dag er jeg taknemmelig for:

_____
_____
_____

Imorgen vil jeg give mig selv denne udfordring:

_____
_____
_____

De mål jeg gerne vil nå på længere sigt
(en uge, en måned, et år...)

_____
_____
_____

Dagen i dag har været:

Grunden til, at jeg føler sådan:

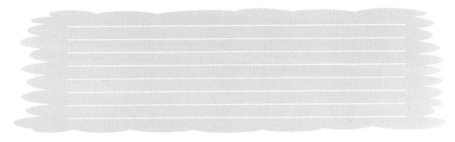

Hvilken særlig oplevelse har fyldt mine tanker:

_____
_____
_____

Hvilke tanker fik jeg i denne situation:

_____
_____
_____

Hvilke følelser fik jeg i situationen:

_____
_____
_____

Hvordan kunne jeg mærke det på/i min krop:

_____
_____
_____
_____

Hvad gjorde jeg i denne situation:

_____
_____
_____
_____

Hvor påvirket var jeg af situationen
(bekymret, bange, ked, frustret osv):

(1) (2) (3) (4) (5) (6) (7) (8) (9) (10)

Skriv de 3 bedste ting ved dagen i dag:

(1) _____

(2) _____

(3) _____

I dag er jeg taknemmelig for:

_____
_____
_____

Imorgen vil jeg give mig selv denne udfordring:

_____
_____
_____

De mål jeg gerne vil nå på længere sigt
(en uge, en måned, et år...)

_____
_____
_____

Dagen i dag har været:

Grunden til, at jeg føler sådan:

Hvilken særlig oplevelse har fyldt mine tanker:

Hvilke tanker fik jeg i denne situation:

Hvilke følelser fik jeg i situationen:

Hvordan kunne jeg mærke det på/i min krop:

_____

_____

_____

Hvad gjorde jeg i denne situation:

_____

_____

Hvor påvirket var jeg af situationen
(bekymret, bange, ked, frustret osv):

① ② ③ ④ ⑤ ⑥ ⑦ ⑧ ⑨

Skriv de 3 bedste ting ved dagen i dag:

① _____

② _____

③ _____

I dag er jeg taknemmelig for:

_____

_____

Imorgen vil jeg give mig selv denne udfordring:

_____

_____

_____

De mål jeg gerne vil nå på længere sigt
(en uge, en måned, et år...)

_____

_____

_____

Dagen i dag har været:

Grunden til, at jeg føler sådan:

Hvilken særlig oplevelse har fyldt mine tanker:

Hvilke tanker fik jeg i denne situation:

Hvilke følelser fik jeg i situationen:

Hvordan kunne jeg mærke det på/i min krop:

_____
_____
_____

Hvad gjorde jeg i denne situation:

_____
_____
_____

Hvor påvirket var jeg af situationen
(bekymret, bange, ked, frustret osv):

(1) (2) (3) (4) (5) (6) (7) (8) (9) (10)

Skriv de 3 bedste ting ved dagen i dag:

(1) _____

(2) _____

(3) _____

I dag er jeg taknemmelig for:

_____
_____
_____

Imorgen vil jeg give mig selv denne udfordring:

_____
_____
_____

De mål jeg gerne vil nå på længere sigt
(en uge, en måned, et år...)

_____
_____
_____

Dagen i dag har været:

Grunden til, at jeg føler sådan:

Hvilken særlig oplevelse har fyldt mine tanker:

Hvilke tanker fik jeg i denne situation:

Hvilke følelser fik jeg i situationen:

Hvordan kunne jeg mærke det på/i min krop:

_____
_____
_____

Hvad gjorde jeg i denne situation:

_____
_____
_____

Hvor påvirket var jeg af situationen
(bekymret, bange, ked, frustret osv):

(1) (2) (3) (4) (5) (6) (7) (8) (9) (10)

Skriv de 3 bedste ting ved dagen i dag:

(1) _____

(2) _____

(3) _____

I dag er jeg taknemmelig for:

_____
_____
_____

Imorgen vil jeg give mig selv denne udfordring:

_____
_____
_____

De mål jeg gerne vil nå på længere sigt
(en uge, en måned, et år...)

_____
_____
_____

Dagen i dag har været:

Grunden til, at jeg føler sådan:

Hvilken særlig oplevelse har fyldt mine tanker:

_____
_____
_____

Hvilke tanker fik jeg i denne situation:

_____
_____
_____

Hvilke følelser fik jeg i situationen:

_____
_____

Hvordan kunne jeg mærke det på/i min krop:

_____
_____
_____

Hvad gjorde jeg i denne situation:

_____
_____
_____

Hvor påvirket var jeg af situationen
(bekymret, bange, ked, frustret osv):

① ② ③ ④ ⑤ ⑥ ⑦ ⑧ ⑨ ⑩

Skriv de 3 bedste ting ved dagen i dag:

①
_____

②
_____

③
_____

I dag er jeg taknemmelig for:

_____
_____
_____

Imorgen vil jeg give mig selv denne udfordring:

_____
_____
_____

De mål jeg gerne vil nå på længere sigt
(en uge, en måned, et år...)

_____
_____
_____

Dagen i dag har været:

Grunden til, at jeg føler sådan:

Hvilken særlig oplevelse har fyldt mine tanker:

Hvilke tanker fik jeg i denne situation:

Hvilke følelser fik jeg i situationen:

Hvordan kunne jeg mærke det på/i min krop:

_____
_____
_____

Hvad gjorde jeg i denne situation:

_____
_____
_____

Hvor påvirket var jeg af situationen
(bekymret, bange, ked, frustret osv):

(1) (2) (3) (4) (5) (6) (7) (8) (9) (10)

Skriv de 3 bedste ting ved dagen i dag:

(1) _____

(2) _____

(3) _____

I dag er jeg taknemmelig for:

_____
_____
_____

Imorgen vil jeg give mig selv denne udfordring:

_____
_____
_____

De mål jeg gerne vil nå på længere sigt
(en uge, en måned, et år...)

_____
_____
_____

Dagen i dag har været:

Grunden til, at jeg føler sådan:

Hvilken særlig oplevelse har fyldt mine tanker:

_____
_____
_____

Hvilke tanker fik jeg i denne situation:

_____
_____
_____

Hvilke følelser fik jeg i situationen:

_____
_____
_____

Hvordan kunne jeg mærke det på/i min krop:

_____
_____
_____

Hvad gjorde jeg i denne situation:

_____
_____
_____

Hvor påvirket var jeg af situationen
(bekymret, bange, ked, frustret osv.)

① ② ③ ④ ⑤ ⑥ ⑦ ⑧ ⑨ ⑩

Skriv de 3 bedste ting ved dagen i dag:

① _____

② _____

③ _____

I dag er jeg taknemmelig for:

_____
_____
_____

Imorgen vil jeg give mig selv denne udfordring:

_____
_____
_____

De mål jeg gerne vil nå på længere sigt
(en uge, en måned, et år...)

_____
_____
_____

Dagen i dag har været:

Grunden til, at jeg føler sådan:

Hvilken særlig oplevelse har fyldt mine tanker:

_____
_____
_____

Hvilke tanker fik jeg i denne situation:

_____
_____
_____

Hvilke følelser fik jeg i situationen:

_____
_____
_____

Hvordan kunne jeg mærke det på/i min krop:

_____
_____
_____

Hvad gjorde jeg i denne situation:

_____
_____
_____

Hvor påvirket var jeg af situationen
(bekymret, bange, ked, frustret osv.)

(1) (2) (3) (4) (5) (6) (7) (8) (9) (10)

Skriv de 3 bedste ting ved dagen i dag:

(1) _____

(2) _____

(3) _____

I dag er jeg taknemmelig for:

_____
_____
_____

Imorgen vil jeg give mig selv denne udfordring:

_____
_____
_____

De mål jeg gerne vil nå på længere sigt
(en uge, en måned, et år...)

_____
_____
_____

Dagen i dag har været:

Grunden til, at jeg føler sådan:

Hvilken særlig oplevelse har fyldt mine tanker:

_____
_____
_____

Hvilke tanker fik jeg i denne situation:

_____
_____
_____

Hvilke følelser fik jeg i situationen:

_____
_____
_____

Hvordan kunne jeg mærke det på/i min krop:

_____
_____
_____

Hvad gjorde jeg i denne situation:

_____
_____
_____

Hvor påvirket var jeg af situationen
(bekymret, bange, ked, frustret osv.):

① ② ③ ④ ⑤ ⑥ ⑦ ⑧ ⑨ ⑩

Skriv de 3 bedste ting ved dagen i dag

① _____

② _____

③ _____

I dag er jeg taknemmelig for:

_____
_____
_____

Imorgen vil jeg give mig selv denne udfordring:

_____
_____
_____

De mål jeg gerne vil nå på længere sigt
(en uge, en måned, et år...)

_____
_____
_____

Dato

Dagen i dag har været:

Grunden til, at jeg føler sådan:

Hvilken særlig oplevelse har fyldt mine tanker:

Hvilke tanker fik jeg i denne situation:

Hvilke følelser fik jeg i situationen:

Hvordan kunne jeg mærke det på/i min krop:

_____
_____
_____

Hvad gjorde jeg i denne situation:

_____
_____
_____

Hvor påvirket var jeg af situationen
(bekymret, bange, ked, frustret osv.)

① ② ③ ④ ⑤ ⑥ ⑦ ⑧ ⑨ ⑩

Skriv de 3 bedste ting ved dagen i dag:

① _____

② _____

③ _____

I dag er jeg taknemmelig for:

_____
_____
_____

Imorgen vil jeg give mig selv denne udfordring:

_____
_____
_____

De mål jeg gerne vil nå på længere sigt
(en uge, en måned, et år...)

_____
_____
_____

Dagen i dag har været:

Grunden til, at jeg føler sådan:

Hvilken særlig oplevelse har fyldt mine tanker:

Hvilke tanker fik jeg i denne situation:

Hvilke følelser fik jeg i situationen:

Hvordan kunne jeg mærke det på/i min krop:

_____
_____
_____

Hvad gjorde jeg i denne situation:

_____
_____
_____

Hvor påvirket var jeg af situationen
(bekymret, bange, ked, frustret osv.)

(1) (2) (3) (4) (5) (6) (7) (8) (9) (10)

Skriv de 3 bedste ting ved dagen i dag:

1 _____

2 _____

3 _____

I dag er jeg taknemmelig for:

_____
_____
_____

Imorgen vil jeg give mig selv denne udfordring:

_____
_____
_____

De mål jeg gerne vil nå på længere sigt
(en uge, en måned, et år...)

_____
_____
_____

Dagen i dag har været:

Grunden til, at jeg føler sådan:

Hvilken særlig oplevelse har fyldt mine tanker:

Hvilke tanker fik jeg i denne situation:

Hvilke følelser fik jeg i situationen:

Hvordan kunne jeg mærke det på/i min krop:

_____

_____

_____

Hvad gjorde jeg i denne situation:

_____

_____

_____

Hvor påvirket var jeg af situationen
(bekymret, bange, ked, frustret osv.):

①　②　③　④　⑤　⑥　⑦　⑧　⑨　⑩

Skriv de 3 bedste ting ved dagen i dag:

①　_____

②　_____

③　_____

I dag er jeg taknemmelig for:

_____

_____

_____

Imorgen vil jeg give mig selv denne udfordring:

_____

_____

_____

De mål jeg gerne vil nå på længere sigt
(en uge, en måned, et år...)

_____

_____

_____

Dagen i dag har været:

Grunden til, at jeg føler sådan:

Hvilken særlig oplevelse har fyldt mine tanker:

_____
_____
_____

Hvilke tanker fik jeg i denne situation:

_____
_____
_____

Hvilke følelser fik jeg i situationen:

_____
_____
_____

Hvordan kunne jeg mærke det på/i min krop:

_____
_____
_____

Hvad gjorde jeg i denne situation:

_____
_____
_____

Hvor påvirket var jeg af situationen
(bekymret, bange, ked, frustret osv):

(1) (2) (3) (4) (5) (6) (7) (8) (9) (10)

Skriv de 3 bedste ting ved dagen i dag:

(1) _____

(2) _____

(3) _____

I dag er jeg taknemmelig for:

_____
_____
_____

Imorgen vil jeg give mig selv denne udfordring:

_____
_____
_____

De mål jeg gerne vil nå på længere sigt
(en uge, en måned, et år...)

_____
_____
_____

Dagen i dag har været:

Grunden til, at jeg føler sådan:

Hvilken særlig oplevelse har fyldt mine tanker:

_____
_____
_____

Hvilke tanker fik jeg i denne situation:

_____
_____
_____

Hvilke følelser fik jeg i situationen:

_____
_____
_____

Hvordan kunne jeg mærke det på/i min krop:

_____
_____
_____

Hvad gjorde jeg i denne situation:

_____
_____
_____

Hvor påvirket var jeg af situationen
(bekymret, bange, ked, frustret osv):

① ② ③ ④ ⑤ ⑥ ⑦ ⑧ ⑨ ⑩

Skriv de 3 bedste ting ved dagen i dag:

○ _____

○ _____

○ _____

I dag er jeg taknemmelig for:

_____
_____
_____

Imorgen vil jeg give mig selv denne udfordring:

_____
_____
_____

De mål jeg gerne vil nå på længere sigt
(en uge, en måned, et år...)

_____
_____
_____

Dagen i dag har været:

Grunden til, at jeg føler sådan:

Hvilken særlig oplevelse har fyldt mine tanker:

Hvilke tanker fik jeg i denne situation:

Hvilke følelser fik jeg i situationen:

Hvordan kunne jeg mærke det på/i min krop:

_____
_____
_____

Hvad gjorde jeg i denne situation:

_____
_____
_____

Hvor påvirket var jeg af situationen
(bekymret, bange, ked, frustret osv):

① ② ③ ④ ⑤ ⑥ ⑦ ⑧ ⑨ ⑩

Skriv de 3 bedste ting ved dagen i dag:

① _____

② _____

③ _____

I dag er jeg taknemmelig for:

_____
_____
_____

Imorgen vil jeg give mig selv denne udfordring:

_____
_____
_____

De mål jeg gerne vil nå på længere sigt
(en uge, en måned, et år...)

_____
_____
_____

Dato

Dagen i dag har været:

Grunden til, at jeg føler sådan:

Hvilken særlig oplevelse har fyldt mine tanker:

_____
_____
_____

Hvilke tanker fik jeg i denne situation:

_____
_____
_____

Hvilke følelser fik jeg i situationen:

_____
_____
_____

Hvordan kunne jeg mærke det på/i min krop:

_____
_____
_____

Hvad gjorde jeg i denne situation:

_____
_____
_____

Hvor påvirket var jeg af situationen
(bekymret, bange, ked, frustret osv.):

① ② ③ ④ ⑤ ⑥ ⑦ ⑧ ⑨ ⑩

Skriv de 3 bedste ting ved dagen i dag:

① _____

② _____

③ _____

I dag er jeg taknemmelig for:

_____
_____
_____

Imorgen vil jeg give mig selv denne udfordring:

_____
_____
_____

De mål jeg gerne vil nå på længere sigt
(en uge, en måned, et år...)

_____
_____
_____

Dagen i dag har været:

Grunden til, at jeg føler sådan:

Hvilken særlig oplevelse har fyldt mine tanker:

Hvilke tanker fik jeg i denne situation:

Hvilke følelser fik jeg i situationen:

Hvordan kunne jeg mærke det på/i min krop:

_____
_____
_____
_____

Hvad gjorde jeg i denne situation:

_____
_____
_____
_____

Hvor påvirket var jeg af situationen
(bekymret, bange, ked, frustret osv):

(1) (2) (3) (4) (5) (6) (7) (8) (9) (10)

Skriv de 3 bedste ting ved dagen i dag:

(1) _____

(2) _____

(3) _____

I dag er jeg taknemmelig for:

_____
_____
_____

Imorgen vil jeg give mig selv denne udfordring:

_____
_____
_____

De mål jeg gerne vil nå på længere sigt
(en uge, en måned, et år...)

_____
_____
_____

Dato

Dagen i dag har været:

Grunden til, at jeg føler sådan:

Hvilken særlig oplevelse har fyldt mine tanker:

_____
_____
_____

Hvilke tanker fik jeg i denne situation:

_____
_____
_____

Hvilke følelser fik jeg i situationen:

_____
_____

Hvordan kunne jeg mærke det på/i min krop:

_____

_____

_____

Hvad gjorde jeg i denne situation:

_____

_____

_____

Hvor påvirket var jeg af situationen
(bekymret, bange, ked, frustret osv.):

① ② ③ ④ ⑤ ⑥ ⑦ ⑧ ⑨ ⑩

Skriv de 3 bedste ting ved dagen i dag:

① _____

② _____

③ _____

I dag er jeg taknemmelig for:

_____

_____

_____

Imorgen vil jeg give mig selv denne udfordring:

_____

_____

_____

De mål jeg gerne vil nå på længere sigt
(en uge, en måned, et år...)

_____

_____

_____

Dato

Dagen i dag har været:

Grunden til, at jeg føler sådan:

Hvilken særlig oplevelse har fyldt mine tanker:

_____
_____
_____

Hvilke tanker fik jeg i denne situation:

_____
_____
_____

Hvilke følelser fik jeg i situationen:

_____
_____
_____

Hvordan kunne jeg mærke det på/i min krop:

_____
_____
_____

Hvad gjorde jeg i denne situation:

_____
_____
_____

Hvor påvirket var jeg af situationen
(bekymret, bange, ked, frustret osv.)

① ② ③ ④ ⑤ ⑥ ⑦ ⑧ ⑨ ⑩

Skriv de 3 bedste ting ved dagen i dag:

① _____

② _____

③ _____

I dag er jeg taknemmelig for:

_____
_____
_____

Imorgen vil jeg give mig selv denne udfordring:

_____
_____
_____

De mål jeg gerne vil nå på længere sigt
(en uge, en måned, et år...)

_____
_____
_____

Dato

Dagen i dag har været:

Grunden til, at jeg føler sådan:

Hvilken særlig oplevelse har fyldt mine tanker:

Hvilke tanker fik jeg i denne situation:

Hvilke følelser fik jeg i situationen:

Hvordan kunne jeg mærke det på/i min krop:

_____
_____
_____

Hvad gjorde jeg i denne situation:

_____
_____
_____

Hvor påvirket var jeg af situationen
(bekymret, bange, ked, frustret osv):

(1) (2) (3) (4) (5) (6) (7) (8) (9) (10)

Skriv de 3 bedste ting ved dagen i dag:

(1) _____

(2) _____

(3) _____

I dag er jeg taknemmelig for:

_____
_____
_____

Imorgen vil jeg give mig selv denne udfordring:

_____
_____
_____

De mål jeg gerne vil nå på længere sigt
(en uge, en måned, et år...)

_____
_____
_____

Dagen i dag har været:

Grunden til, at jeg føler sådan:

Hvilken særlig oplevelse har fyldt mine tanker:

Hvilke tanker fik jeg i denne situation:

Hvilke følelser fik jeg i situationen:

Hvordan kunne jeg mærke det på/i min krop:

_____
_____
_____

Hvad gjorde jeg i denne situation:

_____
_____
_____

Hvor påvirket var jeg af situationen
(bekymret, bange, ked, frustret osv):

Skriv de 3 bedste ting ved dagen i dag:

1. _____

2. _____

3. _____

I dag er jeg taknemmelig for:

_____
_____
_____

Imorgen vil jeg give mig selv denne udfordring:

_____
_____
_____

De mål jeg gerne vil nå på længere sigt
(en uge, en måned, et år...)

_____
_____
_____

Dagen i dag har været:

Grunden til, at jeg føler sådan:

Hvilken særlig oplevelse har fyldt mine tanker:

_____
_____
_____

Hvilke tanker fik jeg i denne situation:

_____
_____
_____

Hvilke følelser fik jeg i situationen:

_____
_____
_____

Hvordan kunne jeg mærke det på/i min krop:

_____

_____

_____

Hvad gjorde jeg i denne situation:

_____

_____

_____

Hvor påvirket var jeg af situationen
(bekymret, bange, ked, frustret osv):

① ② ③ ④ ⑤ ⑥ ⑦ ⑧ ⑨ ⑩

Skriv de 3 bedste ting ved dagen i dag:

① _____

② _____

③ _____

I dag er jeg taknemmelig for:

_____

_____

_____

Imorgen vil jeg give mig selv denne udfordring:

_____

_____

_____

De mål jeg gerne vil nå på længere sigt
(en uge, en måned, et år...)

_____

_____

_____

Dagen i dag har været:

Grunden til, at jeg føler sådan:

Hvilken særlig oplevelse har fyldt mine tanker:

_____
_____
_____

Hvilke tanker fik jeg i denne situation:

_____
_____
_____

Hvilke følelser fik jeg i situationen:

_____
_____
_____

Hvordan kunne jeg mærke det på/i min krop:

_____

_____

_____

Hvad gjorde jeg i denne situation:

_____

_____

_____

Hvor påvirket var jeg af situationen
(bekymret, bange, ked, frustret osv):

Skriv de 3 bedste ting ved dagen i dag:

_____

_____

_____

I dag er jeg taknemmelig for:

_____

_____

_____

Imorgen vil jeg give mig selv denne udfordring:

_____

_____

_____

De mål jeg gerne vil nå på længere sigt
(en uge, en måned, et år...)

_____

_____

_____

Dagen i dag har været:

Grunden til, at jeg føler sådan:

Hvilken særlig oplevelse har fyldt mine tanker:

Hvilke tanker fik jeg i denne situation:

Hvilke følelser fik jeg i situationen:

Hvordan kunne jeg mærke det på/i min krop:

_____
_____
_____

Hvad gjorde jeg i denne situation:

_____
_____

Hvor påvirket var jeg af situationen
(bekymret, bange, ked, frustret osv):

(1)   (2)   (3)   (4)   (5)   (6)   (7)   (8)   (9)   (10)

Skriv de 3 bedste ting ved dagen i dag:

(1) _____

(2) _____

(3) _____

I dag er jeg taknemmelig for:

_____
_____
_____

Imorgen vil jeg give mig selv denne udfordring:

_____
_____
_____

De mål jeg gerne vil nå på længere sigt
(en uge, en måned, et år...)

_____
_____
_____

Dagen i dag har været:

Grunden til, at jeg føler sådan:

Hvilken særlig oplevelse har fyldt mine tanker:

_____
_____
_____

Hvilke tanker fik jeg i denne situation:

_____
_____
_____

Hvilke følelser fik jeg i situationen:

_____
_____
_____

Hvordan kunne jeg mærke det på/i min krop:

_____

_____

_____

Hvad gjorde jeg i denne situation:

_____

_____

_____

Hvor påvirket var jeg af situationen
(bekymret, bange, ked, frustret osv):

① ② ③ ④ ⑤ ⑥ ⑦ ⑧ ⑨ ⑩

Skriv de 3 bedste ting ved dagen i dag:

1 _____

2 _____

3 _____

I dag er jeg taknemmelig for:

_____

_____

_____

Imorgen vil jeg give mig selv denne udfordring:

_____

_____

_____

De mål jeg gerne vil nå på længere sigt
(en uge, en måned, et år...)

_____

_____

_____

Dagen i dag har været:

Grunden til, at jeg føler sådan:

Hvilken særlig oplevelse har fyldt mine tanker:

Hvilke tanker fik jeg i denne situation:

Hvilke følelser fik jeg i situationen:

Hvordan kunne jeg mærke det på/i min krop:

_____

_____

_____

Hvad gjorde jeg i denne situation:

_____

_____

_____

Hvor påvirket var jeg af situationen
(bekymret, bange, ked, frustret osv):

① ② ③ ④ ⑤ ⑥ ⑦ ⑧ ⑨ ⑩

Skriv de 3 bedste ting ved dagen i dag:

_____

_____

_____

I dag er jeg taknemmelig for:

_____

_____

_____

Imorgen vil jeg give mig selv denne udfordring:

_____

_____

_____

De mål jeg gerne vil nå på længere sigt
(en uge, en måned, et år...)

_____

_____

_____

Dato

Dagen i dag har været:

Grunden til, at jeg føler sådan:

Hvilken særlig oplevelse har fyldt mine tanker:

Hvilke tanker fik jeg i denne situation:

Hvilke følelser fik jeg i situationen:

Hvordan kunne jeg mærke det på/i min krop:

_____
_____
_____

Hvad gjorde jeg i denne situation:

_____
_____
_____

Hvor påvirket var jeg af situationen
(bekymret, bange, ked, frustret osv)

(1) (2) (3) (4) (5) (6) (7) (8) (9) (10)

Skriv de 3 bedste ting ved dagen i dag:

(1) _____

(2) _____

(3) _____

I dag er jeg taknemmelig for:

_____
_____
_____

Imorgen vil jeg give mig selv denne udfordring:

_____
_____
_____

De mål jeg gerne vil nå på længere sigt
(en uge, en måned, et år...)

_____
_____
_____

Dato

Dagen i dag har været:

Grunden til, at jeg føler sådan:

Hvilken særlig oplevelse har fyldt mine tanker:

_____
_____
_____

Hvilke tanker fik jeg i denne situation:

_____
_____
_____

Hvilke følelser fik jeg i situationen:

_____
_____
_____

Hvordan kunne jeg mærke det på/i min krop:

_____
_____
_____
_____

Hvad gjorde jeg i denne situation:

_____
_____
_____

Hvor påvirket var jeg af situationen
(bekymret, bange, ked, frustret osv.):

Skriv de 3 bedste ting ved dagen i dag:

_____

_____

_____

I dag er jeg taknemmelig for:

_____
_____
_____

Imorgen vil jeg give mig selv denne udfordring:

_____
_____
_____

De mål jeg gerne vil nå på længere sigt
(en uge, en måned, et år...)

_____
_____
_____

Dagen i dag har været:

Grunden til, at jeg føler sådan:

Hvilken særlig oplevelse har fyldt mine tanker:

Hvilke tanker fik jeg i denne situation:

Hvilke følelser fik jeg i situationen:

Hvordan kunne jeg mærke det på/i min krop:

_____

_____

_____

Hvad gjorde jeg i denne situation:

_____

_____

_____

Hvor påvirket var jeg af situationen
(bekymret, bange, ked, frustret osv):

① ② ③ ④ ⑤ ⑥ ⑦ ⑧ ⑨ ⑩

Skriv de 3 bedste ting ved dagen i dag:

1. _____

2 _____

3 _____

I dag er jeg taknemmelig for:

_____

_____

_____

Imorgen vil jeg give mig selv denne udfordring:

_____

_____

_____

De mål jeg gerne vil nå på længere sigt
(en uge, en måned, et år...)

_____

_____

_____

_____

Dato

Dagen i dag har været:

Grunden til, at jeg føler sådan:

Hvilken særlig oplevelse har fyldt mine tanker:

_____
_____
_____

Hvilke tanker fik jeg i denne situation:

_____
_____
_____

Hvilke følelser fik jeg i situationen:

_____
_____

Hvordan kunne jeg mærke det på/i min krop:

_____
_____
_____

Hvad gjorde jeg i denne situation:

_____
_____
_____

Hvor påvirket var jeg af situationen
(bekymret, bange, ked, frustret osv):

⚙ ⚙ ⚙ ⚙ ⚙ ⚙ ⚙ ⚙ ⚙ ⚙

Skriv de 3 bedste ting ved dagen i dag:

⚙ _____

⚙ _____

⚙ _____

I dag er jeg taknemmelig for:

_____
_____
_____

Imorgen vil jeg give mig selv denne udfordring:

_____
_____
_____

De mål jeg gerne vil nå på længere sigt
(en uge, en måned, et år...)

_____
_____
_____

Dagen i dag har været:

Grunden til, at jeg føler sådan:

Hvilken særlig oplevelse har fyldt mine tanker:

Hvilke tanker fik jeg i denne situation:

Hvilke følelser fik jeg i situationen:

Hvordan kunne jeg mærke det på/i min krop:

_____

_____

_____

Hvad gjorde jeg i denne situation:

_____

_____

_____

Hvor påvirket var jeg af situationen
(bekymret, bange, ked, frustret osv):

(1)　(2)　(3)　(4)　(5)　(6)　(7)　(8)　(9)　(10)

Skriv de 3 bedste ting ved dagen i dag:

(1) _____

(2) _____

(3) _____

I dag er jeg taknemmelig for:

_____

_____

_____

Imorgen vil jeg give mig selv denne udfordring:

_____

_____

_____

De mål jeg gerne vil nå på længere sigt
(en uge, en måned, et år...)

_____

_____

_____

Dagen i dag har været:

Grunden til, at jeg føler sådan:

Hvilken særlig oplevelse har fyldt mine tanker:

Hvilke tanker fik jeg i denne situation:

Hvilke følelser fik jeg i situationen:

Hvordan kunne jeg mærke det på/i min krop:

_____
_____
_____

Hvad gjorde jeg i denne situation:

_____
_____
_____

Hvor påvirket var jeg af situationen
(bekymret, bange, ked, frustret osv):

(1) (2) (3) (4) (5) (6) (7) (8) (9) (10)

Skriv de 3 bedste ting ved dagen i dag:

(1) _____

(2) _____

(3) _____

I dag er jeg taknemmelig for:

_____
_____
_____

Imorgen vil jeg give mig selv denne udfordring:

_____
_____
_____

De mål jeg gerne vil nå på længere sigt
(en uge, en måned, et år...)

_____
_____
_____

Dagen i dag har været:

Grunden til, at jeg føler sådan:

Hvilken særlig oplevelse har fyldt mine tanker:

Hvilke tanker fik jeg i denne situation:

Hvilke følelser fik jeg i situationen:

Hvordan kunne jeg mærke det på/i min krop:

_____
_____
_____

Hvad gjorde jeg i denne situation:

_____
_____
_____

Hvor påvirket var jeg af situationen
(bekymret, bange, ked, frustret osv):

① ② ③ ④ ⑤ ⑥ ⑦ ⑧ ⑨ ⑩

Skriv de 3 bedste ting ved dagen i dag:

① _____

② _____

③ _____

I dag er jeg taknemmelig for:

_____
_____
_____

Imorgen vil jeg give mig selv denne udfordring:

_____
_____
_____

De mål jeg gerne vil nå på længere sigt
(en uge, en måned, et år...)

_____
_____
_____

Dagen i dag har været:

Grunden til, at jeg føler sådan:

Hvilken særlig oplevelse har fyldt mine tanker:

Hvilke tanker fik jeg i denne situation:

Hvilke følelser fik jeg i situationen:

Hvordan kunne jeg mærke det på/i min krop:

_____
_____
_____

Hvad gjorde jeg i denne situation:

_____
_____
_____

Hvor påvirket var jeg af situationen
(bekymret, bange, ked, frustret osv):

(1) (2) (3) (4) (5) (6) (7) (8) (9) (10)

Skriv de 3 bedste ting ved dagen i dag:

(1) _____

(2) _____

(3) _____

I dag er jeg taknemmelig for:

_____
_____
_____

Imorgen vil jeg give mig selv denne udfordring:

_____
_____
_____

De mål jeg gerne vil nå på længere sigt
(en uge, en måned, et år...)

_____
_____
_____

Dagen i dag har været:

Grunden til, at jeg føler sådan:

Hvilken særlig oplevelse har fyldt mine tanker:

Hvilke tanker fik jeg i denne situation:

Hvilke følelser fik jeg i situationen:

Hvordan kunne jeg mærke det på/i min krop:

_____
_____
_____
_____

Hvad gjorde jeg i denne situation:

_____
_____
_____
_____

Hvor påvirket var jeg af situationen
(bekymret, bange, ked, frustret osv):

① ② ③ ④ ⑤ ⑥ ⑦ ⑧ ⑨ ⑩

Skriv de 3 bedste ting ved dagen i dag:

①
_____

②
_____

③
_____

I dag er jeg taknemmelig for:

_____
_____
_____

Imorgen vil jeg give mig selv denne udfordring:

_____
_____
_____

De mål jeg gerne vil nå på længere sigt
(en uge, en måned, et år...)

_____
_____
_____

Dagen i dag har været:

Grunden til, at jeg føler sådan:

Hvilken særlig oplevelse har fyldt mine tanker:

_____
_____
_____

Hvilke tanker fik jeg i denne situation:

_____
_____
_____

Hvilke følelser fik jeg i situationen:

_____
_____
_____

Hvordan kunne jeg mærke det på/i min krop:

_____
_____
_____

Hvad gjorde jeg i denne situation:

_____
_____
_____

Hvor påvirket var jeg af situationen
(bekymret, bange, ked, frustret osv):

(1) (2) (3) (4) (5) (6) (7) (8) (9) (10)

Skriv de 3 bedste ting ved dagen i dag:

(1) _____

(2) _____

(3) _____

I dag er jeg taknemmelig for:

_____
_____
_____

Imorgen vil jeg give mig selv denne udfordring:

_____
_____
_____

De mål jeg gerne vil nå på længere sigt
(en uge, en måned, et år...)

_____
_____
_____

Dagen i dag har været:

Grunden til, at jeg føler sådan:

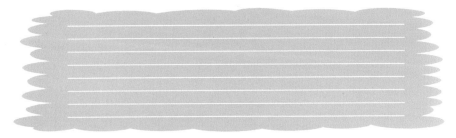

Hvilken særlig oplevelse har fyldt mine tanker:

Hvilke tanker fik jeg i denne situation:

Hvilke følelser fik jeg i situationen:

Hvordan kunne jeg mærke det på/i min krop:

_____
_____
_____

Hvad gjorde jeg i denne situation:

_____
_____
_____

Hvor påvirket var jeg af situationen
(bekymret, bange, ked, frustret osv):

Skriv de 3 bedste ting ved dagen i dag:

_____

_____

_____

I dag er jeg taknemmelig for:

_____
_____
_____

Imorgen vil jeg give mig selv denne udfordring:

_____
_____
_____

De mål jeg gerne vil nå på længere sigt
(en uge, en måned, et år...)

_____
_____
_____

Dagen i dag har været:

Grunden til, at jeg føler sådan:

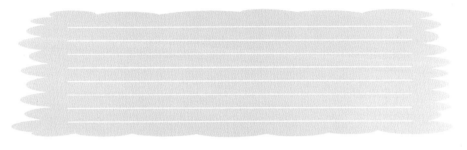

Hvilken særlig oplevelse har fyldt mine tanker:

Hvilke tanker fik jeg i denne situation:

Hvilke følelser fik jeg i situationen:

Hvordan kunne jeg mærke det på/i min krop:

_____
_____
_____

Hvad gjorde jeg i denne situation:

_____
_____
_____

Hvor påvirket var jeg af situationen
(bekymret, bange, ked, frustret osv):

(1) (2) (3) (4) (5) (6) (7) (8) (9) (10)

Skriv de 3 bedste ting ved dagen i dag:

(1) _____

(2) _____

(3) _____

I dag er jeg taknemmelig for:

_____
_____
_____

Imorgen vil jeg give mig selv denne udfordring:

_____
_____
_____

De mål jeg gerne vil nå på længere sigt
(en uge, en måned, et år...)

_____
_____
_____

Dato

Dagen i dag har været:

Grunden til, at jeg føler sådan:

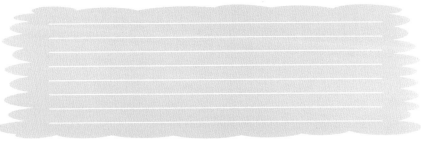

Hvilken særlig oplevelse har fyldt mine tanker:

Hvilke tanker fik jeg i denne situation:

Hvilke følelser fik jeg i situationen:

Hvordan kunne jeg mærke det på/i min krop:

_____
_____
_____

Hvad gjorde jeg i denne situation:

_____
_____
_____

Hvor påvirket var jeg af situationen
(bekymret, bange, ked, frustret osv):

(1) (2) (3) (4) (5) (6) (7) (8) (9) (10)

Skriv de 3 bedste ting ved dagen i dag:

(1) _____

(2) _____

(3) _____

I dag er jeg taknemmelig for:

_____
_____
_____

Imorgen vil jeg give mig selv denne udfordring:

_____
_____
_____

De mål jeg gerne vil nå på længere sigt
(en uge, en måned, et år...)

_____
_____
_____

Dagen i dag har været:

Grunden til, at jeg føler sådan:

Hvilken særlig oplevelse har fyldt mine tanker:

Hvilke tanker fik jeg i denne situation:

Hvilke følelser fik jeg i situationen:

Hvordan kunne jeg mærke det på/i min krop:

_____
_____
_____
_____

Hvad gjorde jeg i denne situation:

_____
_____
_____

Hvor påvirket var jeg af situationen
(bekymret, bange, ked, frustret osv)

Skriv de 3 bedste ting ved dagen i dag:

1 _____

2 _____

3 _____

I dag er jeg taknemmelig for:

_____
_____
_____

Imorgen vil jeg give mig selv denne udfordring:

_____
_____
_____

De mål jeg gerne vil nå på længere sigt
(en uge, en måned, et år...)

_____
_____
_____

Dagen i dag har været:

Grunden til, at jeg føler sådan:

Hvilken særlig oplevelse har fyldt mine tanker:

Hvilke tanker fik jeg i denne situation:

Hvilke følelser fik jeg i situationen:

Hvordan kunne jeg mærke det på/i min krop:

_____
_____
_____

Hvad gjorde jeg i denne situation:

_____
_____
_____

Hvor påvirket var jeg af situationen
(bekymret, bange, ked, frustret osv):

(1) (2) (3) (4) (5) (6) (7) (8) (9) (10)

Skriv de 3 bedste ting ved dagen i dag:

(1) _____

(2) _____

(3) _____

I dag er jeg taknemmelig for:

_____
_____
_____

Imorgen vil jeg give mig selv denne udfordring:

_____
_____
_____

De mål jeg gerne vil nå på længere sigt
(en uge, en måned, et år...)

_____
_____
_____

Dato

Dagen i dag har været:

Grunden til, at jeg føler sådan:

Hvilken særlig oplevelse har fyldt mine tanker:

_____
_____
_____

Hvilke tanker fik jeg i denne situation:

_____
_____
_____

Hvilke følelser fik jeg i situationen:

_____
_____
_____

Hvordan kunne jeg mærke det på/i min krop:

_____
_____
_____

Hvad gjorde jeg i denne situation:

_____
_____
_____

Hvor påvirket var jeg af situationen
(bekymret, bange, ked, frustret osv)

○ ○ ○ ○ ○ ○ ○ ○ ○ ○ ○

Skriv de 3 bedste ting ved dagen i dag:

○ _____

○ _____

○ _____

I dag er jeg taknemmelig for:

_____
_____
_____

Imorgen vil jeg give mig selv denne udfordring:

_____
_____
_____

De mål jeg gerne vil nå på længere sigt
(en uge, en måned, et år...)

_____
_____
_____

Dagen i dag har været:

Grunden til, at jeg føler sådan:

Hvilken særlig oplevelse har fyldt mine tanker:

Hvilke tanker fik jeg i denne situation:

Hvilke følelser fik jeg i situationen:

Hvordan kunne jeg mærke det på/i min krop:

_____

_____

_____

Hvad gjorde jeg i denne situation:

_____

_____

Hvor påvirket var jeg af situationen
(bekymret, bange, ked, frustret osv):

① ② ③ ④ ⑤ ⑥ ⑦ ⑧ ⑨ ⑩

Skriv de 3 bedste ting ved dagen i dag:

① _____

② _____

③ _____

I dag er jeg taknemmelig for:

_____

_____

_____

Imorgen vil jeg give mig selv denne udfordring:

_____

_____

_____

De mål jeg gerne vil nå på længere sigt
(en uge, en måned, et år...)

_____

_____

_____

Dagen i dag har været:

Grunden til, at jeg føler sådan:

Hvilken særlig oplevelse har fyldt mine tanker:

Hvilke tanker fik jeg i denne situation:

Hvilke følelser fik jeg i situationen:

Hvordan kunne jeg mærke det på/i min krop:

_____
_____
_____

Hvad gjorde jeg i denne situation:

_____
_____
_____

Hvor påvirket var jeg af situationen
(bekymret, bange, ked, frustret osv.)

① ② ③ ④ ⑤ ⑥ ⑦ ⑧ ⑨ ⑩

Skriv de 3 bedste ting ved dagen i dag:

① _____

② _____

③ _____

I dag er jeg taknemmelig for:

_____
_____
_____

Imorgen vil jeg give mig selv denne udfordring:

_____
_____
_____

De mål jeg gerne vil nå på længere sigt
(en uge, en måned, et år...)

_____
_____
_____

Dagen i dag har været:

Grunden til, at jeg føler sådan:

Hvilken særlig oplevelse har fyldt mine tanker:

_____
_____
_____

Hvilke tanker fik jeg i denne situation:

_____
_____
_____

Hvilke følelser fik jeg i situationen:

_____
_____

Hvordan kunne jeg mærke det på/i min krop:

_____
_____
_____

Hvad gjorde jeg i denne situation:

_____
_____
_____

Hvor påvirket var jeg af situationen
(bekymret, bange, ked, frustret osv):

① ② ③ ④ ⑤ ⑥ ⑦ ⑧ ⑨ ⑩

Skriv de 3 bedste ting ved dagen i dag:

① _____

② _____

③ _____

I dag er jeg taknemmelig for:

_____
_____
_____

Imorgen vil jeg give mig selv denne udfordring:

_____
_____
_____

De mål jeg gerne vil nå på længere sigt
(en uge, en måned, et år...)

_____
_____
_____

Dagen i dag har været:

Grunden til, at jeg føler sådan:

Hvilken særlig oplevelse har fyldt mine tanker:

_____
_____
_____

Hvilke tanker fik jeg i denne situation:

_____
_____
_____

Hvilke følelser fik jeg i situationen:

_____
_____
_____

Hvordan kunne jeg mærke det på/i min krop:

_____

_____

_____

Hvad gjorde jeg i denne situation:

_____

_____

_____

Hvor påvirket var jeg af situationen
(bekymret, bange, ked, frustret osv):

① ② ③ ④ ⑤ ⑥ ⑦ ⑧ ⑨ ⑩

Skriv de 3 bedste ting ved dagen i dag:

① _____

② _____

③ _____

I dag er jeg taknemmelig for:

_____

_____

_____

Imorgen vil jeg give mig selv denne udfordring:

_____

_____

_____

De mål jeg gerne vil nå på længere sigt
(en uge, en måned, et år...)

_____

_____

_____

Dagen i dag har været:

Grunden til, at jeg føler sådan:

Hvilken særlig oplevelse har fyldt mine tanker:

Hvilke tanker fik jeg i denne situation:

Hvilke følelser fik jeg i situationen:

Hvordan kunne jeg mærke det på/i min krop:

_____
_____
_____

Hvad gjorde jeg i denne situation:

_____
_____
_____

Hvor påvirket var jeg af situationen
(bekymret, bange, ked, frustret osv)

Skriv de 3 bedste ting ved dagen i dag:

_____

_____

_____

I dag er jeg taknemmelig for:

_____
_____
_____

Imorgen vil jeg give mig selv denne udfordring:

_____
_____
_____

De mål jeg gerne vil nå på længere sigt
(en uge, en måned, et år...)

_____
_____
_____

Dagen i dag har været:

Grunden til, at jeg føler sådan:

Hvilken særlig oplevelse har fyldt mine tanker:

_____
_____
_____

Hvilke tanker fik jeg i denne situation:

_____
_____
_____

Hvilke følelser fik jeg i situationen:

_____
_____

Hvordan kunne jeg mærke det på/i min krop:

_____
_____
_____

Hvad gjorde jeg i denne situation:

_____
_____
_____

Hvor påvirket var jeg af situationen
(bekymret, bange, ked, frustret osv):

(1) (2) (3) (4) (5) (6) (7) (8) (9) (10)

Skriv de 3 bedste ting ved dagen i dag:

(1) _____

(2) _____

(3) _____

I dag er jeg taknemmelig for:

_____
_____
_____

Imorgen vil jeg give mig selv denne udfordring:

_____
_____
_____

De mål jeg gerne vil nå på længere sigt
(en uge, en måned, et år...)

_____
_____
_____

Dagen i dag har været:

Grunden til, at jeg føler sådan:

Hvilken særlig oplevelse har fyldt mine tanker:

Hvilke tanker fik jeg i denne situation:

Hvilke følelser fik jeg i situationen:

Hvordan kunne jeg mærke det på/i min krop:

_____
_____
_____

Hvad gjorde jeg i denne situation:

_____
_____
_____

Hvor påvirket var jeg af situationen
(bekymret, bange, ked, frustret osv):

① ② ③ ④ ⑤ ⑥ ⑦ ⑧ ⑨ ⑩

Skriv de 3 bedste ting ved dagen i dag:

① _____

② _____

③ _____

I dag er jeg taknemmelig for:

_____
_____
_____

Imorgen vil jeg give mig selv denne udfordring:

_____
_____
_____

De mål jeg gerne vil nå på længere sigt
(en uge, en måned, et år...)

_____
_____
_____

Dagen i dag har været:

Grunden til, at jeg føler sådan:

Hvilken særlig oplevelse har fyldt mine tanker:

_____
_____
_____

Hvilke tanker fik jeg i denne situation:

_____
_____
_____

Hvilke følelser fik jeg i situationen:

_____
_____
_____

Hvordan kunne jeg mærke det på/i min krop:

_____
_____
_____

Hvad gjorde jeg i denne situation:

_____
_____
_____

Hvor påvirket var jeg af situationen
(bekymret, bange, ked, frustret osv):

(1) (2) (3) (4) (5) (6) (7) (8) (9) (10)

Skriv de 3 bedste ting ved dagen i dag:

(1) _____

(2) _____

(3) _____

I dag er jeg taknemmelig for:

_____
_____
_____

Imorgen vil jeg give mig selv denne udfordring:

_____
_____
_____

De mål jeg gerne vil nå på længere sigt
(en uge, en måned, et år...)

_____
_____
_____

Dato

Dagen i dag har været:

Grunden til, at jeg føler sådan:

Hvilken særlig oplevelse har fyldt mine tanker:

_____
_____
_____

Hvilke tanker fik jeg i denne situation:

_____
_____
_____

Hvilke følelser fik jeg i situationen:

_____
_____

Hvordan kunne jeg mærke det på/i min krop:

_____
_____
_____

Hvad gjorde jeg i denne situation:

_____
_____
_____

Hvor påvirket var jeg af situationen
(bekymret, bange, ked, frustret osv):

⚪ ⚪ ⚪ ⚪ ⚪ ⚪ ⚪ ⚪ ⚪ ⚪

Skriv de 3 bedste ting ved dagen i dag:

⚪ _____

⚪ _____

⚪ _____

I dag er jeg taknemmelig for:

_____
_____
_____

Imorgen vil jeg give mig selv denne udfordring:

_____
_____
_____

De mål jeg gerne vil nå på længere sigt
(en uge, en måned, et år...)

_____
_____
_____

Dato

Dagen i dag har været:

Grunden til, at jeg føler sådan:

Hvilken særlig oplevelse har fyldt mine tanker:

Hvilke tanker fik jeg i denne situation:

Hvilke følelser fik jeg i situationen:

Hvordan kunne jeg mærke det på/i min krop:

_____
_____
_____

Hvad gjorde jeg i denne situation:

_____
_____
_____

Hvor påvirket var jeg af situationen
(bekymret, bange, ked, frustret osv):

① ② ③ ④ ⑤ ⑥ ⑦ ⑧ ⑨ ⑩

Skriv de 3 bedste ting ved dagen i dag:

① _____

② _____

③ _____

I dag er jeg taknemmelig for:

_____
_____
_____

Imorgen vil jeg give mig selv denne udfordring:

_____
_____
_____

De mål jeg gerne vil nå på længere sigt
(en uge, en måned, et år...)

_____
_____
_____

Dagen i dag har været:

Grunden til, at jeg føler sådan:

Hvilken særlig oplevelse har fyldt mine tanker:

_____
_____
_____

Hvilke tanker fik jeg i denne situation:

_____
_____
_____

Hvilke følelser fik jeg i situationen:

_____
_____
_____

Hvordan kunne jeg mærke det på/i min krop:

_____

_____

_____

Hvad gjorde jeg i denne situation:

_____

_____

_____

Hvor påvirket var jeg af situationen
(bekymret, bange, ked, frustret osv):

(1) (2) (3) (4) (5) (6) (7) (8) (9) (10)

Skriv de 3 bedste ting ved dagen i dag:

(1) _____

(2) _____

(3) _____

I dag er jeg taknemmelig for:

_____

_____

_____

Imorgen vil jeg give mig selv denne udfordring:

_____

_____

_____

De mål jeg gerne vil nå på længere sigt
(en uge, en måned, et år...)

_____

_____

_____

Dagen i dag har været:

Grunden til, at jeg føler sådan:

Hvilken særlig oplevelse har fyldt mine tanker:

_____
_____
_____

Hvilke tanker fik jeg i denne situation:

_____
_____
_____

Hvilke følelser fik jeg i situationen:

_____
_____
_____

Hvordan kunne jeg mærke det på/i min krop:

_____
_____
_____

Hvad gjorde jeg i denne situation:

_____
_____
_____

Hvor påvirket var jeg af situationen
(bekymret, bange, ked, frustret osv):

① ② ③ ④ ⑤ ⑥ ⑦ ⑧ ⑨ ⑩

Skriv de 3 bedste ting ved dagen i dag:

①
_____

②
_____

③
_____

I dag er jeg taknemmelig for:

_____
_____
_____

Imorgen vil jeg give mig selv denne udfordring:

_____
_____
_____

De mål jeg gerne vil nå på længere sigt
(en uge, en måned, et år...)

_____
_____
_____

Dato

Dagen i dag har været:

Grunden til, at jeg føler sådan:

Hvilken særlig oplevelse har fyldt mine tanker:

Hvilke tanker fik jeg i denne situation:

Hvilke følelser fik jeg i situationen:

Hvordan kunne jeg mærke det på/i min krop:

_____
_____
_____

Hvad gjorde jeg i denne situation:

_____
_____
_____

Hvor påvirket var jeg af situationen
(bekymret, bange, ked, frustret osv.)

① ② ③ ④ ⑤ ⑥ ⑦ ⑧ ⑨ ⑩

Skriv de 3 bedste ting ved dagen i dag:

1 _____

2 _____

3 _____

I dag er jeg taknemmelig for:

_____
_____
_____

Imorgen vil jeg give mig selv denne udfordring:

_____
_____
_____

De mål jeg gerne vil nå på længere sigt
(en uge, en måned, et år...)

_____
_____
_____

Dagen i dag har været:

Grunden til, at jeg føler sådan:

Hvilken særlig oplevelse har fyldt mine tanker:

Hvilke tanker fik jeg i denne situation:

Hvilke følelser fik jeg i situationen:

Hvordan kunne jeg mærke det på/i min krop:

_____
_____
_____

Hvad gjorde jeg i denne situation:

_____
_____
_____

Hvor påvirket var jeg af situationen
(bekymret, bange, ked, frustret osv)

Skriv de 3 bedste ting ved dagen i dag:

_____

_____

_____

I dag er jeg taknemmelig for:

_____
_____
_____

Imorgen vil jeg give mig selv denne udfordring:

_____
_____
_____

De mål jeg gerne vil nå på længere sigt
(en uge, en måned, et år...)

_____
_____
_____

Dagen i dag har været:

Grunden til, at jeg føler sådan:

Hvilken særlig oplevelse har fyldt mine tanker:

_____

_____

_____

Hvilke tanker fik jeg i denne situation:

_____

_____

_____

Hvilke følelser fik jeg i situationen:

_____

_____

_____

Hvordan kunne jeg mærke det på/i min krop:

_____
_____
_____

Hvad gjorde jeg i denne situation:

_____
_____
_____

Hvor påvirket var jeg af situationen
(bekymret, bange, ked, frustret osv):

① ② ③ ④ ⑤ ⑥ ⑦ ⑧ ⑨ ⑩

Skriv de 3 bedste ting ved dagen i dag:

① _____

② _____

③ _____

I dag er jeg taknemmelig for:

_____
_____
_____

Imorgen vil jeg give mig selv denne udfordring:

_____
_____
_____

De mål jeg gerne vil nå på længere sigt
(en uge, en måned, et år...)

_____
_____
_____

Dagen i dag har været:

Grunden til, at jeg føler sådan:

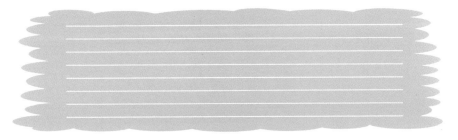

Hvilken særlig oplevelse har fyldt mine tanker:

_____
_____
_____

Hvilke tanker fik jeg i denne situation:

_____
_____
_____

Hvilke følelser fik jeg i situationen:

_____
_____

Hvordan kunne jeg mærke det på/i min krop:

_____
_____
_____
_____

Hvad gjorde jeg i denne situation:

_____
_____
_____
_____

Hvor påvirket var jeg af situationen
(bekymret, bange, ked, frustret osv):

Skriv de 3 bedste ting ved dagen i dag:

_____

_____

_____

I dag er jeg taknemmelig for:

_____
_____
_____

Imorgen vil jeg give mig selv denne udfordring:

_____
_____
_____

De mål jeg gerne vil nå på længere sigt
(en uge, en måned, et år...)

_____
_____
_____

Dagen i dag har været:

Grunden til, at jeg føler sådan:

Hvilken særlig oplevelse har fyldt mine tanker:

_____
_____
_____

Hvilke tanker fik jeg i denne situation:

_____
_____
_____

Hvilke følelser fik jeg i situationen:

_____
_____
_____

Hvordan kunne jeg mærke det på/i min krop:

_____
_____
_____

Hvad gjorde jeg i denne situation:

_____
_____
_____

Hvor påvirket var jeg af situationen
(bekymret, bange, ked, frustret osv):

(1) (2) (3) (4) (5) (6) (7) (8) (9) (10)

Skriv de 3 bedste ting ved dagen i dag:

(1) _____

(2) _____

(3) _____

I dag er jeg taknemmelig for:

_____
_____
_____

Imorgen vil jeg give mig selv denne udfordring:

_____
_____
_____

De mål jeg gerne vil nå på længere sigt
(en uge, en måned, et år...)

_____
_____
_____

Dagen i dag har været:

Grunden til, at jeg føler sådan:

Hvilken særlig oplevelse har fyldt mine tanker:

_____
_____
_____

Hvilke tanker fik jeg i denne situation:

_____
_____
_____

Hvilke følelser fik jeg i situationen:

_____
_____
_____

Hvordan kunne jeg mærke det på/i min krop:

_____
_____
_____

Hvad gjorde jeg i denne situation:

_____
_____
_____

Hvor påvirket var jeg af situationen
(bekymret, bange, ked, frustret osv)

(1) (2) (3) (4) (5) (6) (7) (8) (9) (10)

Skriv de 3 bedste ting ved dagen i dag:

(1) _____

(2) _____

(3) _____

I dag er jeg taknemmelig for:

_____
_____
_____

Imorgen vil jeg give mig selv denne udfordring:

_____
_____
_____

De mål jeg gerne vil nå på længere sigt
(en uge, en måned, et år...)

_____
_____
_____

Dato

Dagen i dag har været:

Grunden til, at jeg føler sådan:

Hvilken særlig oplevelse har fyldt mine tanker:

Hvilke tanker fik jeg i denne situation:

Hvilke følelser fik jeg i situationen:

Hvordan kunne jeg mærke det på/i min krop:

_____
_____
_____

Hvad gjorde jeg i denne situation:

_____
_____
_____

Hvor påvirket var jeg af situationen
(bekymret, bange, ked, frustret osv):

Skriv de 3 bedste ting ved dagen i dag:

_____

_____

_____

I dag er jeg taknemmelig for:

_____
_____
_____

Imorgen vil jeg give mig selv denne udfordring:

_____
_____
_____

De mål jeg gerne vil nå på længere sigt
(en uge, en måned, et år...)

_____
_____
_____

Dagen i dag har været:

Grunden til, at jeg føler sådan:

Hvilken særlig oplevelse har fyldt mine tanker:

_____
_____
_____

Hvilke tanker fik jeg i denne situation:

_____
_____
_____

Hvilke følelser fik jeg i situationen:

_____
_____
_____

Hvordan kunne jeg mærke det på/i min krop:

_____

_____

_____

Hvad gjorde jeg i denne situation:

_____

_____

_____

Hvor påvirket var jeg af situationen
(bekymret, bange, ked, frustret osv)

(1) (2) (3) (4) (5) (6) (7) (8) (9) (10)

Skriv de 3 bedste ting ved dagen i dag:

(1) _____

(2) _____

(3) _____

I dag er jeg taknemmelig for:

_____

_____

_____

Imorgen vil jeg give mig selv denne udfordring:

_____

_____

_____

De mål jeg gerne vil nå på længere sigt
(en uge, en måned, et år...)

_____

_____

_____

Dagen i dag har været:

Grunden til, at jeg føler sådan:

Hvilken særlig oplevelse har fyldt mine tanker:

Hvilke tanker fik jeg i denne situation:

Hvilke følelser fik jeg i situationen:

Hvordan kunne jeg mærke det på/i min krop:

_____
_____
_____

Hvad gjorde jeg i denne situation:

_____
_____
_____

Hvor påvirket var jeg af situationen
(bekymret, bange, ked, frustret osv):

Skriv de 3 bedste ting ved dagen i dag:

_____

_____

_____

I dag er jeg taknemmelig for:

_____
_____
_____

Imorgen vil jeg give mig selv denne udfordring:

_____
_____
_____

De mål jeg gerne vil nå på længere sigt
(en uge, en måned, et år...)

_____
_____
_____

Dagen i dag har været:

Grunden til, at jeg føler sådan:

Hvilken særlig oplevelse har fyldt mine tanker:

_____
_____
_____

Hvilke tanker fik jeg i denne situation:

_____
_____
_____

Hvilke følelser fik jeg i situationen:

_____
_____

Hvordan kunne jeg mærke det på/i min krop:

_____
_____
_____

Hvad gjorde jeg i denne situation:

_____
_____
_____

Hvor påvirket var jeg af situationen
(bekymret, bange, ked, frustret osv):

① ② ③ ④ ⑤ ⑥ ⑦ ⑧ ⑨ ⑩

Skriv de 3 bedste ting ved dagen i dag:

① _____

② _____

③ _____

I dag er jeg taknemmelig for:

_____
_____
_____

Imorgen vil jeg give mig selv denne udfordring:

_____
_____
_____

De mål jeg gerne vil nå på længere sigt
(en uge, en måned, et år...)

_____
_____
_____

Dato

Dagen i dag har været:

Grunden til, at jeg føler sådan:

Hvilken særlig oplevelse har fyldt mine tanker:

_____
_____
_____

Hvilke tanker fik jeg i denne situation:

_____
_____
_____

Hvilke følelser fik jeg i situationen:

_____
_____

Hvordan kunne jeg mærke det på/i min krop:

_____
_____
_____

Hvad gjorde jeg i denne situation:

_____
_____
_____

Hvor påvirket var jeg af situationen
(bekymret, bange, ked, frustret osv)

Skriv de 3 bedste ting ved dagen i dag:

_____

_____

_____

I dag er jeg taknemmelig for:

_____
_____
_____

Imorgen vil jeg give mig selv denne udfordring:

_____
_____
_____

De mål jeg gerne vil nå på længere sigt
(en uge, en måned, et år...)

_____
_____
_____

Dato

Dagen i dag har været:

Grunden til, at jeg føler sådan:

Hvilken særlig oplevelse har fyldt mine tanker:

_____
_____
_____

Hvilke tanker fik jeg i denne situation:

_____
_____
_____

Hvilke følelser fik jeg i situationen:

_____
_____
_____

Hvordan kunne jeg mærke det på/i min krop:

_____
_____
_____

Hvad gjorde jeg i denne situation:

_____
_____
_____

Hvor påvirket var jeg af situationen
(bekymret, bange, ked, frustret osv):

(1) (2) (3) (4) (5) (6) (7) (8) (9) (10)

Skriv de 3 bedste ting ved dagen i dag:

1 _____

2 _____

3 _____

I dag er jeg taknemmelig for:

_____
_____
_____

Imorgen vil jeg give mig selv denne udfordring:

_____
_____
_____

De mål jeg gerne vil nå på længere sigt
(en uge, en måned, et år...)

_____
_____
_____

Dagen i dag har været:

Grunden til, at jeg føler sådan:

Hvilken særlig oplevelse har fyldt mine tanker:

_____

_____

_____

Hvilke tanker fik jeg i denne situation:

_____

_____

_____

Hvilke følelser fik jeg i situationen:

_____

_____

Hvordan kunne jeg mærke det på/i min krop:

_____

_____

_____

Hvad gjorde jeg i denne situation:

_____

_____

_____

Hvor påvirket var jeg af situationen
(bekymret, bange, ked, frustret osv):

(1) (2) (3) (4) (5) (6) (7) (8) (9) (10)

Skriv de 3 bedste ting ved dagen i dag:

(1) _____

(2) _____

(3) _____

I dag er jeg taknemmelig for:

_____

_____

_____

Imorgen vil jeg give mig selv denne udfordring:

_____

_____

_____

De mål jeg gerne vil nå på længere sigt
(en uge, en måned, et år...)

_____

_____

_____

Dato

Dagen i dag har været:

Grunden til, at jeg føler sådan:

Hvilken særlig oplevelse har fyldt mine tanker:

Hvilke tanker fik jeg i denne situation:

Hvilke følelser fik jeg i situationen:

Hvordan kunne jeg mærke det på/i min krop:

_____
_____
_____

Hvad gjorde jeg i denne situation:

_____
_____
_____

Hvor påvirket var jeg af situationen
(bekymret, bange, ked, frustret osv):

Skriv de 3 bedste ting ved dagen i dag:

_____

_____

_____

I dag er jeg taknemmelig for:

_____
_____
_____

Imorgen vil jeg give mig selv denne udfordring:

_____
_____
_____

De mål jeg gerne vil nå på længere sigt
(en uge, en måned, et år...)

_____
_____
_____

Dagen i dag har været:

Grunden til, at jeg føler sådan:

Hvilken særlig oplevelse har fyldt mine tanker:

_____

_____

_____

Hvilke tanker fik jeg i denne situation:

_____

_____

_____

Hvilke følelser fik jeg i situationen:

_____

_____

_____

Hvordan kunne jeg mærke det på/i min krop:

_____
_____
_____

Hvad gjorde jeg i denne situation:

_____
_____
_____

Hvor påvirket var jeg af situationen
(bekymret, bange, ked, frustret osv):

(1)   (2)   (3)   (4)   (5)   (6)   (7)   (8)   (9)   (10)

Skriv de 3 bedste ting ved dagen i dag:

(1) _____

(2) _____

(3) _____

I dag er jeg taknemmelig for:

_____
_____
_____

Imorgen vil jeg give mig selv denne udfordring:

_____
_____
_____

De mål jeg gerne vil nå på længere sigt
(en uge, en måned, et år...)

_____
_____
_____

Dato

Dagen i dag har været:

Grunden til, at jeg føler sådan:

Hvilken særlig oplevelse har fyldt mine tanker:

_____
_____
_____

Hvilke tanker fik jeg i denne situation:

_____
_____
_____

Hvilke følelser fik jeg i situationen:

_____
_____

Hvordan kunne jeg mærke det på/i min krop:

_____
_____
_____
_____

Hvad gjorde jeg i denne situation:

_____
_____
_____

Hvor påvirket var jeg af situationen
(bekymret, bange, ked, frustret osv):

Skriv de 3 bedste ting ved dagen i dag:

_____

_____

_____

I dag er jeg taknemmelig for:

_____
_____
_____

Imorgen vil jeg give mig selv denne udfordring:

_____
_____
_____

De mål jeg gerne vil nå på længere sigt
(en uge, en måned, et år...)

_____
_____
_____

Dagen i dag har været:

Grunden til, at jeg føler sådan:

Hvilken særlig oplevelse har fyldt mine tanker:

_____
_____
_____

Hvilke tanker fik jeg i denne situation:

_____
_____
_____

Hvilke følelser fik jeg i situationen:

_____
_____

Hvordan kunne jeg mærke det på/i min krop:

_____
_____
_____

Hvad gjorde jeg i denne situation:

_____
_____
_____

Hvor påvirket var jeg af situationen
(bekymret, bange, ked, frustret osv.)

(1) (2) (3) (4) (5) (6) (7) (8) (9) (10)

Skriv de 3 bedste ting ved dagen i dag:

(1) _____

(2) _____

(3) _____

I dag er jeg taknemmelig for:

_____
_____
_____

Imorgen vil jeg give mig selv denne udfordring:

_____
_____
_____

De mål jeg gerne vil nå på længere sigt
(en uge, en måned, et år...)

_____
_____
_____

Dagen i dag har været:

Grunden til, at jeg føler sådan:

Hvilken særlig oplevelse har fyldt mine tanker:

_____
_____
_____

Hvilke tanker fik jeg i denne situation:

_____
_____
_____

Hvilke følelser fik jeg i situationen:

_____
_____

Hvordan kunne jeg mærke det på/i min krop:

_____

_____

_____

Hvad gjorde jeg i denne situation:

_____

_____

_____

Hvor påvirket var jeg af situationen
(bekymret, bange, ked, frustret osv):

Skriv de 3 bedste ting ved dagen i dag:

_____

_____

_____

I dag er jeg taknemmelig for:

_____

_____

_____

Imorgen vil jeg give mig selv denne udfordring:

_____

_____

_____

De mål jeg gerne vil nå på længere sigt
(en uge, en måned, et år...)

_____

_____

_____

Dagen i dag har været:

Grunden til, at jeg føler sådan:

Hvilken særlig oplevelse har fyldt mine tanker:

_____
_____
_____

Hvilke tanker fik jeg i denne situation:

_____
_____
_____

Hvilke følelser fik jeg i situationen:

_____
_____
_____

Hvordan kunne jeg mærke det på/i min krop:

_____
_____
_____

Hvad gjorde jeg i denne situation:

_____
_____
_____

Hvor påvirket var jeg af situationen
(bekymret, bange, ked, frustret osv):

(1) (2) (3) (4) (5) (6) (7) (8) (9) (10)

Skriv de 3 bedste ting ved dagen i dag:

(1)
_____

(2)
_____

(3)
_____

I dag er jeg taknemmelig for:

_____
_____
_____

Imorgen vil jeg give mig selv denne udfordring:

_____
_____
_____

De mål jeg gerne vil nå på længere sigt
(en uge, en måned, et år...)

_____
_____
_____

Dagen i dag har været:

Grunden til, at jeg føler sådan:

Hvilken særlig oplevelse har fyldt mine tanker:

_____
_____
_____

Hvilke tanker fik jeg i denne situation:

_____
_____
_____

Hvilke følelser fik jeg i situationen:

_____
_____
_____

Hvordan kunne jeg mærke det på/i min krop:

_____
_____
_____

Hvad gjorde jeg i denne situation:

_____
_____
_____

Hvor påvirket var jeg af situationen
(bekymret, bange, ked, frustret osv)

(1) (2) (3) (4) (5) (6) (7) (8) (9) (10)

Skriv de 3 bedste ting ved dagen i dag:

(1) _____

(2) _____

(3) _____

I dag er jeg taknemmelig for:

_____
_____
_____

Imorgen vil jeg give mig selv denne udfordring:

_____
_____
_____

De mål jeg gerne vil nå på længere sigt
(en uge, en måned, et år...)

_____
_____
_____

Dagen i dag har været:

Grunden til, at jeg føler sådan:

Hvilken særlig oplevelse har fyldt mine tanker:

_____
_____
_____

Hvilke tanker fik jeg i denne situation:

_____
_____
_____

Hvilke følelser fik jeg i situationen:

_____
_____

Hvordan kunne jeg mærke det på/i min krop:

_____
_____
_____

Hvad gjorde jeg i denne situation:

_____
_____
_____

Hvor påvirket var jeg af situationen
(bekymret, bange, ked, frustret osv.)

Skriv de 3 bedste ting ved dagen i dag:

_____

_____

_____

I dag er jeg taknemmelig for:

_____
_____
_____

Imorgen vil jeg give mig selv denne udfordring:

_____
_____
_____

De mål jeg gerne vil nå på længere sigt
(en uge, en måned, et år...)

_____
_____
_____

Dato

Dagen i dag har været:

Grunden til, at jeg føler sådan:

Hvilken særlig oplevelse har fyldt mine tanker:

Hvilke tanker fik jeg i denne situation:

Hvilke følelser fik jeg i situationen:

Hvordan kunne jeg mærke det på/i min krop:

_____
_____
_____

Hvad gjorde jeg i denne situation:

_____
_____
_____

Hvor påvirket var jeg af situationen
(bekymret, bange, ked, frustret osv):

① ② ③ ④ ⑤ ⑥ ⑦ ⑧ ⑨ ⑩

Skriv de 3 bedste ting ved dagen i dag:

① _____

② _____

③ _____

I dag er jeg taknemmelig for:

_____
_____
_____

Imorgen vil jeg give mig selv denne udfordring:

_____
_____
_____

De mål jeg gerne vil nå på længere sigt
(en uge, en måned, et år...)

_____
_____
_____

Dagen i dag har været:

Grunden til, at jeg føler sådan:

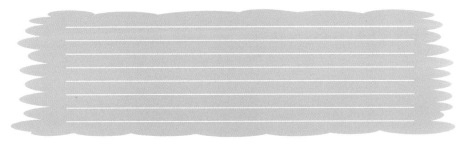

Hvilken særlig oplevelse har fyldt mine tanker:

_____
_____
_____

Hvilke tanker fik jeg i denne situation:

_____
_____
_____

Hvilke følelser fik jeg i situationen:

_____
_____
_____

Hvordan kunne jeg mærke det på/i min krop:

_____
_____
_____

Hvad gjorde jeg i denne situation:

_____
_____
_____

Hvor påvirket var jeg af situationen
(bekymret, bange, ked, frustret osv):

Skriv de 3 bedste ting ved dagen i dag:

1 _____

2 _____

3 _____

I dag er jeg taknemmelig for:

_____
_____
_____

Imorgen vil jeg give mig selv denne udfordring:

_____
_____
_____

De mål jeg gerne vil nå på længere sigt
(en uge, en måned, et år...)

_____
_____
_____

Dato

Dagen i dag har været:

Grunden til, at jeg føler sådan:

Hvilken særlig oplevelse har fyldt mine tanker:

_____

_____

_____

Hvilke tanker fik jeg i denne situation:

_____

_____

_____

Hvilke følelser fik jeg i situationen:

_____

_____

Hvordan kunne jeg mærke det på/i min krop:

_____
_____
_____

Hvad gjorde jeg i denne situation:

_____
_____
_____

Hvor påvirket var jeg af situationen
(bekymret, bange, ked, frustret osv):

(1) (2) (3) (4) (5) (6) (7) (8) (9) (10)

Skriv de 3 bedste ting ved dagen i dag:

(1)
_____

(2)
_____

(3)
_____

I dag er jeg taknemmelig for:

_____
_____
_____

Imorgen vil jeg give mig selv denne udfordring:

_____
_____
_____

De mål jeg gerne vil nå på længere sigt
(en uge, en måned, et år....)

_____
_____
_____

Dagen i dag har været:

Grunden til, at jeg føler sådan:

Hvilken særlig oplevelse har fyldt mine tanker:

Hvilke tanker fik jeg i denne situation:

Hvilke følelser fik jeg i situationen:

Hvordan kunne jeg mærke det på/i min krop:

_____
_____
_____

Hvad gjorde jeg i denne situation:

_____
_____
_____

Hvor påvirket var jeg af situationen
(bekymret, bange, ked, frustret osv):

Skriv de 3 bedste ting ved dagen i dag:

_____

_____

_____

I dag er jeg taknemmelig for:

_____
_____
_____

Imorgen vil jeg give mig selv denne udfordring:

_____
_____
_____

De mål jeg gerne vil nå på længere sigt
(en uge, en måned, et år...)

_____
_____
_____

Dagen i dag har været:

Grunden til, at jeg føler sådan:

Hvilken særlig oplevelse har fyldt mine tanker:

Hvilke tanker fik jeg i denne situation:

Hvilke følelser fik jeg i situationen:

Hvordan kunne jeg mærke det på/i min krop:

_____

_____

_____

Hvad gjorde jeg i denne situation:

_____

_____

_____

Hvor påvirket var jeg af situationen
(bekymret, bange, ked, frustret osv):

① ② ③ ④ ⑤ ⑥ ⑦ ⑧ ⑨ ⑩

Skriv de 3 bedste ting ved dagen i dag:

① _____

② _____

③ _____

I dag er jeg taknemmelig for:

_____

_____

_____

Imorgen vil jeg give mig selv denne udfordring:

_____

_____

_____

De mål jeg gerne vil nå på længere sigt
(en uge, en måned, et år...)

_____

_____

_____

Printed in Poland
by Amazon Fulfillment
Poland Sp. z o.o., Wrocław

58326502R00105